AF279134

Consúltalo
con los
Ángeles

Jack Lawson

Consúltalo
con los
Ángeles

40 ejercicios para contactar
con los mensajeros celestiales

EDICIONES OBELISCO

Si este libro le ha interesado y desea que lo mantengamos informado de nuestras
publicaciones, escríbanos indicándonos qué temas son de su interés (Astrología,
Autoayuda, Ciencias Ocultas, Artes Marciales, Naturismo, Espiritualidad, Tradición...)
y gustosamente lo complaceremos.

Puede consultar nuestro catálogo en www.edicionesobelisco.com

Colección Angelología
CONSÚLTALO CON LOS ÁNGELES
Jack Lawson

1.ª edición: enero de 2009
6.ª edición: enero de 2025

Maquetación: *Marta Rovira*
Diseño de portada e ilustraciones: *Edgar Sicilia*

© 1993, Jack Lawson (Reservados todos los derechos)
© 2008, Ediciones Obelisco, S. L.
(Reservados los derechos para la presente edición)
© 2007, Edgar Sicilia, ilustraciones
(Reservados todos los derechos)

Edita: Ediciones Obelisco, S. L.
Collita, 23-25. Pol. Ind. Molí de la Bastida
08191 Rubí - Barcelona - España
Tel. 93 309 85 25 - Fax 93 309 85 23
E-mail: info@edicionesobelisco.com

ISBN: 978-84-9777-508-3
Depósito legal: B-4.314-2012

Printed in China

1. ¿QUIÉNES SON LOS ÁNGELES?

Todos nosotros tenemos ángeles que nos guían. Los ángeles se han presentado a los hombres en todas las épocas, en todas las religiones y en todas las culturas. Popularmente se les conoce como «Ángeles de la Guarda». Podemos percibir su presencia de muchas maneras, pero la más eficaz es, sin duda, guardando silencio y escuchando con complicidad nuestra voz interior.

Los ángeles se comunican con las criaturas humanas de un modo directo, no verbal, suprarracional. Pueden hablarnos de dos modos: desde dentro o desde afuera, en nuestro interior o en las señales del mundo exterior. Sus palabras no se entienden con la cabeza, sino que se sienten con el corazón. No se razonan, se intuyen. No hemos de rompernos la cabeza con los ángeles: hemos de abrir el corazón. Con sus consejos y sugerencias, los ángeles nos ayudan a superar las limitaciones humanas, a vivir la eternidad en el momento presente, el Cielo en la Tierra.

Filón de Alejandría, uno de los grandes sabios de la antigüedad, distinguía dos categorías de ángeles. En su libro *De Confusione*, escribe que: «Dios es uno, tiene a su alrededor potencias inefables para socorrer a todas las cosas y para conservar lo que ha sido creado». Y en otro texto: «delega en los ángeles el alejamiento de los males». Para este autor, uno de los que más explícitamente han tratado el tema de los ángeles, estos seres son a la vez «guardianes y compañeros de los humanos».

El *Curso de Milagros* afirma que los ángeles flotan sobre nosotros a fin de mantener alejada la oscuridad y mantener la luz en aquellos lugares en los que se ha instalado. Si no fuera por ellos, este mundo sería un verdadero infierno. Los ángeles siempre han estado ahí, para socorrernos, para ayudarnos. Lo importante, cuando pedimos su ayuda, es que nos demos cuenta de su presencia en nosotros. Como escribe la popular autora Solara, lo importante es que «recordemos quiénes somos y no volvamos a caer en la ilusión de sentirnos como pequeños humanos impotentes que lloran para que algo que esté fuera de nosotros nos ayude y nos asista».

Estamos viviendo, en los albores del siglo XXI, un momento crucial de la historia de la humanidad. De nosotros depende que este pequeño planeta deje de ser un planeta azul y se convierta en un infierno. Los ángeles nos exhortan a luchar por nuestro hogar terrestre, pero no nos damos cuenta de ello. Están detrás de los movimientos ecologistas, están a favor de la vida. Son los mensajeros de la Nueva Era y nosotros tenemos oídos de la vieja. Nos traen un mensaje de esperanza y confianza que los humanos nos negamos a escuchar.

Los ángeles desean que trabajemos conjuntamente para mejorar nuestro planeta. Invocar su ayuda y su presencia es algo sencillo y maravilloso que podemos lograr si nos lo proponemos.

La palabra «ángel» procede del griego y quiere decir «mensajero». Generalizando, podríamos decir que los ángeles nos traen mensajes de Dios, pero también podríamos decir que nuestro ángel guardián nos transmite mensajes de nuestro Yo superior. Constantemente está intentando decirnos desde nuestro interior lo que necesitamos, lo que nos conviene para nuestro desarrollo espiritual. Los ángeles son seres espirituales. Esta última palabra requiere quizás un breve comentario, pues ha sido utilizada muy a menudo de un modo incorrecto en religión. Todos somos seres espirituales, pero espiritual no es sinónimo de religioso, aunque muchas religiones puedan ser muy espirituales. La espiritualidad es algo que todos llevamos dentro y de lo cual demasiado a menudo estamos desconectados. Lo espiritual en nosotros es lo que da sentido a la vida haciéndonos conectar con nuestra esencia, con la paz mental. Descubrir el mundo del espíritu, nos dicen los ángeles, es como volver a nacer.

Los ángeles pueden hacernos recordar nuestro origen espiritual y nuestro fin divino. Pueden ayudarnos a restaurar nuestro estado lamentable y a vivir la vida de acuerdo con lo que realmente somos. Sólo tenemos que hablar con ellos, pedírselo humildemente, con fe, con esperanza, con convicción.

Seres de luz, los ángeles son manifestaciones de lo divino que esperan que los acojamos en la simplicidad y en la pureza del corazón, en los brazos del niño mágico que hay dentro de cada uno de nosotros. Quieren que les abracemos, pues ellos nos abrazan constantemente y nosotros no nos damos cuenta. Los ángeles, aparecen casi siempre vestidos de luz. Se trata de una luz tan poderosa y tan cegadora que no podemos verlos como, por ejemplo, aparecen representados en las pinturas antiguas. ¡Somos demasiado impuros!

El propósito de este libro es ayudarte a contactar con los ángeles y su vibración angélica abriéndoles las puertas de tu corazón para que puedan penetrar en tu vida cotidiana. Aunque no te des cuenta, los ángeles están deseando entrar en tu vida, pero tú no les dejas. Constantemente les estás diciendo que no. Los humanos tenemos una verdadera fijación con el «no». Durante los tres primeros años de vida de un niño, la palabra que más oye es precisamente ésta: «No». Ello va creando en su cerebro una programación negativa que arrastrará de un modo inconsciente a lo largo de toda su vida y que le impedirá vivir milagros, hablar con los gnomos y las hadas, conversar con los ángeles y muchas otras cosas más. Así se va creado un destino aparentemente ineludible del cual parece dificilísimo escapar. Poco a poco la vida va perdiendo luz y color y nos instalamos en la rutina desecadora y aburrida.

No hay medio alguno para engañar al destino, ni tampoco ningún artificio para escapar al plan cósmico. Es absurdo querer librarnos de él por nuestras propias fuerzas, desoyendo a menudo sus ineludibles lecciones. Todos nosotros hemos de sufrir nuestras propias tribulaciones y dificultades de las que somos más responsables de lo que creemos, y hemos de aprender las lecciones que comportan. Cuando aprendemos de lo que nos sucede, deja de ser doloroso. Pero nadie debe perder la esperanza ni desfallecer, pues la vida nos reserva un destino luminoso si somos capaces de decirle simplemente sí.

Cuando le decimos sí a la vida, una cohorte de ángeles acude enseguida a nosotros para socorrernos con sus virtudes. Cada uno de los ángeles que aparecen en este libro está encarnando una virtud a la que podrás apelar cuando te halles ante dificultades. No temas hacerlo. No estás haciendo magia ni nada que se le parezca. Estas ejerciendo un derecho que tienes desde el día en que naciste, o a lo mejor desde antes de nacer.

Todos los grandes maestros coinciden en que los humanos no podemos luchar por nosotros mismos, con nuestras propias fuerzas, contra nuestros defectos. ¡Y sin embargo debemos hacerlo! ¿Cuál es la solución a esta aparente contradicción? Un día, durante una meditación, un ángel me la comunicó. Durante mucho tiempo la guardé en secreto, pero hoy me siento obligado (sin duda por ese mismo ángel) a compartirla: La única forma de luchar contra un demonio es invocando al ángel opuesto. Así de sencillo. No se trata de concentrar más energía en los defectos, en los problemas, en lo negativo. Hemos de ser capaces de volcarnos en lo positivo para que lo negativo pierda fuerza.

Un día, un gran sabio chino dijo una frase que quedó grabada para siempre en mi memoria: «Todos tenemos los defectos de nuestras virtudes y las virtudes de nuestros defectos. Son como dos caras de una misma moneda. Para luchar contra un defecto (encarnado en un demonio) hemos de aprender a potenciar la virtud (el ángel) correspondiente».

De este modo, pensando en él, en lo que representa, vamos dejando que crezca en nosotros la virtud que acabará desbancando al defecto. Meditando en un ángel concreto iremos despertando en nuestro ser sus virtudes, sus características positivas, y veremos cómo, de un modo mágico, éstas se manifestarán en nuestras vidas.

2. CONSCIENCIA DE LOS ÁNGELES

Existe un gran número de libros sobre los ángeles. Desde el enigmático *Libro de Henoch*, la Biblia, las obras de Filón de Alejandría o los modernos textos de autoayuda, los ángeles son testigos silenciosos pero siempre presentes del destino de los humanos. Siempre han estado entre nosotros, esperando que les hagamos caso para colmarnos con sus bendiciones.

Si bien para los antiguos (la Biblia es el mejor ejemplo de ello) los ángeles estaban presentes en la vida cotidiana de los hombres, parecería que actualmente no es así. Sin embargo, ocurre exactamente lo contrario: los ángeles siguen ahí, invisibles a nuestros ojos carnales, pero atentos a nuestros pensamientos, a nuestras palabras y a nuestros actos.

Existen, repito, muchos libros que hablan de ángeles. Los hay mejores y los hay peores. Los hay estrictamente técnicos y hay excelentes obras de divulgación. Este librito pretende ser distinto de los demás. No aspira a la ortodoxia que caracteriza a las obras de los Padres de la Iglesia. Tampoco pretende ser un libro técnico sobre ángeles. Es un libro muy personal que quizá contenga algo de las virtudes y los defectos de sus autores. Sólo quiere ser un instrumento de trabajo que te ayude a conectar con los ángeles, a obtener los beneficios que ellos están dispuestos a darte. Si lo consigues o no, depende en gran medida de tí, de tu deseo, de tu ilusión, de tu tenacidad, de tu sinceridad.

Los ángeles son mensajeros del cielo encargados de guardarte y de acompañarte. No importa que no los veas; tampoco puedes ver el sonido de un violín ni el sabor de una naranja. Sin embargo, no les quita realidad. ¡Bien que ves la televisión y sabes que no es real! Además, lo que vemos con los sentidos exteriores no es siempre lo más importante. ¿Qué prefieres en un perfume: el color que ves o el aroma que hueles? Con los ángeles ocurre algo parecido. Por regla general (y salvo que ellos deseen lo contrario) no podemos verlos, pero sí podemos sentirlos.

No es necesario que hagas complicados ejercicios de visualización para ver a los ángeles. Sólo es necesario que percibas o, mejor dicho, que te des cuenta del fruto de su trabajo y que lo agradezcas. Así desarrollarás algo que los humanos hemos ido perdiendo con el paso de los siglos: la consciencia de los ángeles.

A medida que vayas permitiendo que entren en tu vida, irás detectando, poco a poco, silenciosamente, su sutil influencia en las diferentes áreas de tu existencia. Cuando escuches a Vivaldi percibirás cómo se han colado a través de los arpegios. Cuando contemples una puesta de sol comprenderás por qué los antiguos persas decían que el sol es un ángel de oro. Y a lo mejor también te ocurrirá lo que me sucedió a mí en una ocasión mientras contemplaba una puesta de sol y pensaba en su significado simbólico: un ángel dorado me dijo al oído, en perfecto francés, orange. (pr. oro; ange: ángel), o sea «naranja». Pensé entonces en aquellas telas magníficas de Rene Magritte, pintor de ángeles y naranjas.

3. INVITAR A LOS ÁNGELES

Aunque parezca extrañísimo, los ángeles nos necesitan. Nos necesitan para expresarse. Nos necesitan para manifestarse en la Tierra. Nos necesitan para realizar su trabajo en nuestro Planeta. Quieren que colaboremos con ellos, que los invitemos a entrar en nuestras vidas. Si somos capaces de deshacer ciertos bloqueos con los ángeles, estos podrán entrar en contacto con nosotros y actuar a través nuestro.

Un modo casi infalible de resolver un buen número de conflictos que sufrimos casi todos los humanos, consiste en pedir ayuda a los ángeles mediante la invocación. Las simples palabras «necesito que me ayudes» bastan para colocarnos en un estado de ánimo especial, en el cual los ángeles pueden comenzar a ayudarnos.

Los ángeles desean ayudarnos: para eso fueron creados. Lo único que tenemos que hacer es invocarlos sinceramente y dar la bienvenida a su presencia. El *Curso de Milagros* nos exhorta constantemente a dar la bienvenida a los ángeles y a no interferir en su ayuda.

* * *

Antes de comenzar con los ejercicios específicos de cada ángel, te propongo el siguiente, destinado a abrirte a la presencia angélica.

Busca un lugar cómodo y silencioso en el que puedas relajarte, donde nada ni nadie te moleste. Durante unos minutos, concentra la atención en tu respiración utilizando las palabras *me abro* como *mantra* cada vez que inspires y *a los ángeles* cada vez que espires. Visualiza un entorno sereno y luminoso a tu alrededor, con un color preponderante de tu elección. Entonces, con confianza y sin realizar esfuerzo alguno, invita a los ángeles a que se unan a tí.

Si no te sintieras totalmente a gusto con el entorno visualizado, es que no es el apropiado. Puedes intentarlo visualizándolo con otro color. No te olvides de que a los ángeles les gustan los colores claros.

Cuando hayas logrado el entorno deseado, sumérgete en él, fúndete en él. Déjate llenar por el amor incondicional de la presencia angélica.

Cuando te hayas familiarizado con tus ángeles, puedes mostrarles tus partes más oscuras e inconfesables; aquellos aspectos de ti que te irritan o te avergüenzan, permitiendo que los ángeles te ayuden a limpiarlos bañándolos en su luz.

Si no eres consciente de estos aspectos, no te preocupes, confiesa como tuyos los defectos que veas en los demás. ¡Funciona!

Ábrete a lo positivo que se encuentra en tu negatividad. Permite que la luz angélica la «lave» dejando al descubierto lo bueno de lo malo. Facilítales su transformación. Luego, cuando consideres que has acabado, despídete de tu ángel sabiendo que está siempre a tu disposición.

Otro ejercicio que puedes intentar hacer es el siguiente:

Cierra los ojos y relájate. Deja que los pensamientos desfilen por tu mente como la gente lo hace en el metro. No te preocupes por lo que pienses o dejes de pensar. Limítate a sentir en tu corazón. Visualízalo como dos manos abiertas dispuestas a abrazar a un ángel. Siente que lo estás abrazando y que él te está envolviendo con la luz violácea de sus alas. Dale las gracias por venir a ti. Si quieres seguir practicando, también puedes relajarte y probar el siguiente ejercicio:

Cierra los ojos y siéntete como en una inmensa playa desierta en un amanecer de verano. Aspira hondo el refrescante aire marino y déjate abrazar por los tímidos rayos del sol naciente. Siente la unidad que hay entre el mar, el cielo, el aire, la arena y tú. Agradécele esta unidad al ángel de la Unidad y pídele ser consciente de ella en todos los momentos de tu vida.

Y si todavía te quedan ganas, antes de empezar con los ejercicios específicos de cada ángel, te propongo lo siguiente:

Busca un lugar tranquilo en el que te sientas a gusto y respira profundamente, con lentitud, disfrutando cada bocanada de aire. Concéntrate en la respiración e intenta olvidarte de tu cuerpo. Cada vez que aspiras profunda y lentamente siente cómo, invisibles, los ángeles se acercan a ti para protegerte. Dales las gracias por velarte.

Sue Patton Thoele ha escrito que «luchar contra los demonios es fácil y, a menudo, parece más apropiado que aceptar a nuestros ángeles». Demasiado a menudo damos cuerpo a nuestros demonios a través de la desconfianza y la desaprobación permitiendo que formen parte de nuestras vidas.

Cuando nuestros ángeles como el Ángel de la Sabiduría, el Ángel del Perdón, el Ángel de la Intuición, etc. llaman a nuestra puerta, solemos reaccionar de forma totalmente diferente. Nos cuesta creer que son reales, que somos dignos de acogerlos. Una de las razones por las cuales es mucho más fácil aceptar a nuestros demonios que a nuestros ángeles, es que nos han programado para hacerlo así. Cuando aceptamos que no valemos nada, que no sabemos nada, que no somos inteligentes, que somos torpes, estamos acogiendo a los representantes de nuestro ser inferior, o sea, a nuestros demonios en nuestro sistema de creencias. No nos debemos, pues, de extrañar si luego ellos hacen sus diablerías y nos destrozan la vida.

Por su parte, los ángeles son emisarios de nuestro ser superior, de lo mejor en nosotros, de la esencia de nuestro ser. Son reales y debemos aprender a apoyarnos en ellos, a aceptarlos y a confiar en su presencia en vez de rechazarlos y luchar contra ellos cada vez que aparezcan.

EL ÁNGEL DE LA COMPRENSIÓN

Comprender es lo contrario de rechazar. Comprender es abrirse y abarcar. Muchas cosas que creemos no comprender, en realidad las estamos rechazando inconscientemente por temor, por falta de amor. Si fuéramos capaces de mirarlo todo con ojos inocentes, si viéramos las cosas tal como son sin proyectar en ellas nuestras miserias, nuestros deseos o nuestros miedos, comprenderíamos. La verdadera comprensión se realiza con el corazón, no con el cerebro. La luz de la mente es puntual como la de una linterna, y nos ayuda a iluminar aspectos de la realidad delimitándolos, pero la luz del corazón es como la del sol: nos permite verlo todo, con calor, con verdadero amor.

Cierra los ojos y ponte en contacto con tu corazón. No te preocupes por lo que piensas, no importa, concéntrate más bien en lo que sientes. Pregúntale a tu Ángel de la Comprensión si tiene algo que ofrecerte. Visualízalo. Ábrete a él. Acepta lo que te transmita. Pueden ser unas palabras, una imagen, una sensación. Es igual. No lo juzgues, no lo intentes comprender con tu cabecita. Deposítalo en tu corazón, pues la comprensión ya llegará cuando sea el momento. Dale las gracias y despídete de él.

EL ÁNGEL DE LA HONESTIDAD

Ser honesto no es pagar nuestros impuestos escrupulosamente. Ser honesto es ser capaz de escoger siempre la verdad a la mentira, aunque le resulte incómodo a nuestro ego. Ser honesto es ser consecuentes con nuestro Yo interno y no ceder a las sirenas seductoras del mundo exterior. Es ir a la esencia de las cosas y no tener en cuenta las apariencias, y actuar de acuerdo con ello. Cuando somos real-

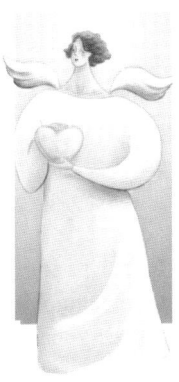

mente honestos, se instala la coherencia en nuestras vidas y todo lo que ocurre adquiere un sentido que siempre tuvo y en el cual no habíamos reparado. Como por arte de magia, todo se ordena proporcionándonos una sensación de seguridad insospechada. Cuando somos honestos con nosotros mismos y con los demás, los demás también se comportan del mismo modo con nosotros.

Ponte cómodo en un lugar tranquilo en el que nadie te moleste e intenta mantener tu mente en blanco. Imagina que estás sentado bajo una luz suave y cálida: es la luz del ángel de la Honestidad. Siente cómo todo tu ser absorbe esta luz y se funde con ella. En el extremo de esta luz están el ángel de la Honestidad y el demonio de la Deshonestidad. Familiarízate con estos dos visitantes e insiste en que el ángel de la Deshonestidad desparezca de tu vida y que el ángel de la Honestidad se manifieste. Invita a tu ángel a compartir contigo su calor y su luz, y pídele que de ahora en adelante te ilumine en todas las elecciones que tengas que realizar en tu Vida.

EL ÁNGEL DE LA VOLUNTAD

Los humanos no tenemos claro qué es la Voluntad. Hay una diferencia importante entre la voluntad del ego y la voluntad en Dios. La primera, rayana con el capricho, siempre es negativa y limitadora. La Voluntad en Dios, que trasciende la estrecha prisión del ego, es esencialmente liberadora.

Los ángeles, los seres más libres de la Creación, están absolutamente colgados de la voluntad de Dios. Si a menudo las cosas no ocurren co-mo quisiéramos, aunque así se lo hayamos pedido a nuestros ángeles, no tengamos la menor duda de que ellos están haciendo lo mejor para nosotros, pues tienen en cuenta la voluntad de Dios, que se halla enfocada en la esencia de las cosas, mientras que la nuestra sólo tiene en cuenta las apariencias.

Siéntate o tiéndete en una posición que te resulte cómoda y en la que te sientas bien. Poco apoco, cierra los ojos y respira profundamente intentando mantener tu mente en blanco. Imagina que estás sentado bajo una luz cálida y poderosa. Siente cómo todo tu ser absorbe esta luz y tu voluntad se funde con ella. En el extremo de esta luz están el ángel de Voluntad y el demonio de la Mala Voluntad. Familiarízate con estos dos visitantes celestiales e insiste en que el demonio de la Mala Voluntad desparezca de tu vista y que el ángel de la Voluntad se manifieste en los diversos aspectos de tu vida. Invita a tu ángel de la Voluntad a intervenir en tus decisiones y a compartir contigo su fuerza y su calor.

EL ÁNGEL DE LA SIMPLICIDAD

El camino más directo para llega a cualquier lugar es siempre el más sencillo. La complicación dicen los ángeles, es algo diabólico. El ser humano es el único animal que se complica la vida y ello es algo que pone muy tristes a los ángeles. «En la simplicidad, me dijo una vez un ángel, hallarás la solución de todos los problemas, cuando tienes complicaciones, es que te falta confianza en Dios y te sobra confianza en ti mismo». Cada vez que me he encontrado ante una dificultad que me ha parecido insuperable, me he acordado de esta frase. En muchas ocasiones, he intentado simplificar el asunto y la solución se ha dado a conocer por sí misma. ¡Pruébalo! Es algo que funciona tanto con las matemáticas como con los problemas del auto.

31

Ponte cómodo en un lugar tranquilo, cierra los ojos y relájate. Permite que tu conciencia vaya penetrando sin esfuerzo alguno en la simplicidad de tu corazón. Imagina que estás sentado bajo una bella luz dorada. Siente cómo todo tu ser absorbe esta luz y se funde con ella. En el extremo de esta luz están el ángel de la Simplicidad y el demonio de la Complicación. Familiarízate con estos dos visitantes e insiste en que la complicación desparezca de tu vida y en que ésta se simplifique e ilumine como cuando eras un niño. Invita a tu ángel de la Simplicidad a compartir contigo la riqueza de cada instante de tu nueva vida.

EL ÁNGEL DE LA GRATITUD

La gratitud es una cuestión esencial en el crecimiento espiritual. La gratitud no es sólo la virtud que nos hace agradecer a los demás sus dones. La gratitud es, sobre todo, la capacidad de conectar con la Gracia del Espíritu Santo. La mejor manera de darle las gracias a Dios por la vida es vivirla plenamente, sin separatividad, sabiéndonos completos y unidos a los demás. Dar las gracias no es  un acto de cortesía, es un verdadero acto de magia que todos podemos incorporar en nuestras vidas. Cuando quieras conseguir algo de alguien, sólo tienes que darle las gracias. En el peor de los casos lo desorientarás. Recuerdo a un amigo, habilísimo negociador, que siempre daba las gracias al ángel guardián de las personas con las que negociaba antes de iniciar las negociaciones.

Imagínate sentado frente a una suave corriente de agua que fluye tranquilamente a tu lado. Siente el calor del sol sobre tu rostro, que te penetra y produce una sensación de felicidad. Empiezas a sentirte relajado por el sonido producido por la corriente y a identificarte con ella. Imagina que el agua corre a través de tu propio cuerpo, que lo limpia, que purifica tu mente. El agua, el sol, el cielo, todo es expresión de un ángel que te da las gracias porque estás vivo. Identifícate con él y dale también tú las gracias a toda la creación por la vida que fluye a través de ti, que te pertenece y a la cual perteneces.

EL ÁNGEL DEL BUEN HUMOR

G.K. Chesterton dijo que los ángeles podían volar porque se tomaban
a sí mismos a la ligera. Si realmente te tomas en serio tu vida, debes,
forzosamente, hacerlo con humor.
El Buen Humor, como el Amor, es
uno de los canales mágicos a través
de los cuales los ángeles pueden lle-
gar a ti. Muy a menudo perdemos
un montón de tiempo y energía
tomándonos la vida demasiado

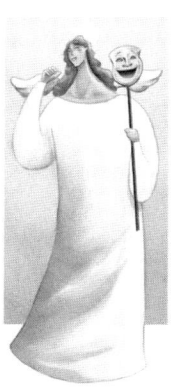

en serio. Sonreír y reír son algo altamente curativo.
Está demostrado que se utiliza mucha menos energía
en una sonrisa que en fruncir el ceño y que así como
esto último desencadena procesos bioquímicos que
pueden enfermarnos, la más tímida de las sonrisas es
suficiente para incrementar en nuestro organismo el
flujo de endorfinas.

Cierra los ojos y relájate. Reflexiona sobre la gravedad del instante que estás viviendo: cada segundo que pasa es un paso más hacia la ineludible muerte, pues vivir es morir poco a poco. Adopta una actitud solemne acorde con la situación y... ríete. Ríete a carcajadas porque todo es una broma, una inmensa broma cósmica. Cada fragmento de tu vida es como el trozo de una comedia, sólo que a veces tú eres el espectador mientras que otras veces eres la víctima. Nada es eterno y al mismo tiempo, todo lo es. Ríe a carcajadas y dale las gracias al ángel del Buen Humor por ayudarte a soportar los momentos duros que puedan haber en tu vida.

EL ÁNGEL DE LA ENTREGA

Entregarnos es dejar de lado nuestro ego y, en una total confianza, darnos a Dios o a los demás. Se ha dicho que a Dios le basta cualquier cosa ofrecida con el corazón entero. Esa es la verdadera entrega: hacerlo todo en la vida de un modo entero, total, involucrando en ello la totalidad de nuestro ser hasta las últimas consecuencias. Cuando uno se entrega a Dios o a sus ángeles, debe estar dispuesto a todo, pues su vida comenzará a cambiar de un modo mágico e imprevisible. Todo lo que hagamos desde una consciencia de totalidad, producirá resultados totales y nos colmará. Todo lo que hagamos desde una consciencia parcial y limitada no podrá producir más que resultados limitados y nos dejará vacíos.

Siéntate o tiéndete en una posición que te resulte cómoda y agradable. Cierra los ojos y respira profundamente, e intenta mantener tu mente en blanco. Imagina que estás sentado bajo una luz suave y cálida. Siente cómo todo tu ser absorbe esta luz y se funde con ella. En el extremo de esta luz están el ángel de la Entrega y el demonio del Retener. Familiarízate con estos dos visitantes angélicos e insiste en que el demonio del Retener desparezca de tu vida y que el ángel de la Entrega se manifieste. Invítale a compartir el calor y la luz contigo.

EL ÁNGEL DE LA ESPONTANEIDAD

Ser espontáneo es ser lo más parecido a como se es, sin actuar o
pensar condicionado por el pasado. La espontaneidad coincide
con la inocencia. «Inocencia»
significa «no saber», y tras este
«no saber» humano se esconde
una sabiduría divina. Por regla general, los humanos tienen miedo de la
espontaneidad y se escudan en la rutina: pero «la rutina, me dijo una vez
un ángel, es un veneno para el corazón;
la espontaneidad es como un aire que lo refresca». Conectando con el ángel de la Espontaneidad podremos
hacer entrar este aire fresco en nuestras vidas. Para vivir, sentir, pensar y actuar con espontaneidad debemos
conectar con nuestro Yo esencial que se confunde con
el ángel de la Espontaneidad.

Busca un lugar tranquilo e intenta, sin forzar, mantener tu mente en blanco. Imagina que estás sentado bajo una luz suave y cálida: es la luz de tu Sol interior que no sólo te alumbra, también te da el calor necesario para crecer por dentro. Acércate a esta luz y confúndete con ella. Obsérvala sin intervenir: deja que vengan a tu mente pensamientos y sensaciones, pero no intervengas. En el extremo de esta luz están el ángel de la Espontaneidad y el demonio de la Rutina. Familiarízate con estos dos visitantes angélicos e insiste en que la Rutina desparezca y que la Espontaneidad se manifieste. Invita a tu ángel de la Espontaneidad a compartir contigo la libertad de vivir el momento sin reparar en el pasado y sin pensar en el futuro.

EL ÁNGEL DE LA APERTURA

Una mano abierta puede conte-
ner agua, pero una mano cerrada
no. Cuando estamos abiertos, el
amor puede penetrarnos, pero
en cambio cuando nos cerramos
sólo queda lugar para la tristeza.
Un ángel me dijo una vez que
el pecado de Adán fue cerrarse
a Dios. Adán cayó cuando cerró
su corazón. Si hubiera seguido
abierto, todavía viviríamos en el
Paraíso. Cerrarse es quedarse en las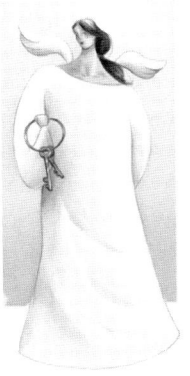
limitaciones del ego, mientras que abrirse es dejarse
penetrar por el gozo infinito de Dios. Cuando nos
abrimos, permitimos que la vida fluya a través nuestro. Cuando nos cerramos, estamos haciéndole el jue-
go a la muerte.

Te puedes preparar para esta meditación mediante un buen baño y poniéndote ropas limpias. Puedes encender una vela y quemar incienso. Vacía tu mente de todo lo que creas que te autolimita e imagínate rodeado de una luz suave y cálida. Siente cómo todo tu ser absorbe esta luz y se funde con ella. En el extremo de esta luz está el ángel de la Apertura. Ábrete a él e invítale a que entre en tu vida y que el gozo infinito de Dios te llene. Ábrete y déjate penetrar por la sensación de paz, luz y limpieza que se desprende de él.

EL ÁNGEL DEL PODER

En su best seller *El poder está dentro de tí*, Henry T. Hamblin escribió que «Oculto en el hombre está un poder mediante el cual puede elevarse a las cosas más altas y mejores». Hay algo en el hombre que transciende a la personalidad finita, expresión de su ego, y eso es el amor. Por esta razón el ángel del Poder se asemeja al ángel del Amor. El aspecto a veces iracundo y terrible que puede tener el ángel del Poder se debe únicamente a nuestros temores y a nuestra ignorancia. Mucha gente me ha preguntado por qué el hombre no disfruta casi nunca del poder que está en su interior, y la respuesta que les he dado es siempre la misma: Porque queremos poder y no queremos responsabilidad. En un nivel terrestre, Poder y Responsabilidad son dos cosas separadas, pero a un nivel angélico son una única y misma cosa.

Se ha dicho que vivir es responsabilizarse. Vivir sin responsabilidades es ser vivido. Desde luego que hay muchas cosas con las que no tenemos nada que ver y de las cuales no queremos ni podemos responsabilizarnos: pero de una cosa sí somos responsables, y es de cómo respondemos a la vida, al destino, a lo que se nos ofrece, a las circunstancias que nos ha tocado vivir. Cuando somos conscientes de que somos los artífices de nuestro destino, nos damos cuenta del Poder que mora en nosotros. El verdadero Poder, es simplemente energía, una energía indescriptible que procede directamente de nuestro Yo superior, que se confunde con el ángel del Poder. Conectar con el ángel del Poder no nos servirá para manipular a los demás siguiendo los caprichos de nuestro ego; al contrario, es una responsabilidad que nos obligará a manifestar la plenitud de la presencia angélica en nuestras vidas.

Siéntate en un lugar tranquilo y en el que estés seguro de que nadie te va a molestar. Desconecta el teléfono. Cierra los ojos y pregunta a los ángeles que, aunque no los veas, te están rodeando: ¿Qué es el Poder?

Es posible que escuches al menos dos voces. Una te dirá que el Poder es fuerza, dominio, voluntad y te exhortará a que seas más fuerte y dominante, o a que desarrolles tu fuerza de voluntad.

Se trata de un ángel impecable, fuerte, impresionante. Aunque te deslumbre, no le hagas caso: es un demonio disfrazado de ángel, es el demonio del Poder. Invítale a que desaparezca.

La otra voz quizá te diga algo que has escuchado muchas veces: querer es poder. Y realmente es así: amar es poder. El verdadero Poder, capaz de cambiar destinos, reside en el Amor.

Deja que todo tu ser sea penetrado por la fuerza transformadora del Amor. Permite que tus células se llenen de Amor, que tu corazón se sienta lleno de calor y gozo.

No opongas resistencia a los ángeles. Su magia transformadora es capaz de hacer milagros; porque es de la misma naturaleza que el Amor.

Disfruta de esa maravillosa sensación de libertad y felicidad que proporciona el Amor, el verdadero Poder.

EL ÁNGEL DE LA GRACIA

La Gracia es el mayor Poder que haya en el mundo. Con la Gracia del Espíritu Santo, el hombre lo puede todo; sin ella no puede nada, salvo el mal. Tenemos los corazones secos y cerrados porque estamos separados de la Gracia. No deberíamos cansarnos de invocar al ángel de la Gracia. Si fuéramos capaces de abandonarnos a la Gracia, creceríamos por dentro. Pero por regla general somos demasiado orgullosos e hipócritas como para entregarnos al Misterio que nuestros egos no saben ni pueden controlar. En su ignorancia el ego prefiere el castigo que lo tranquiliza a la gracia que lo libera.

Busca un lugar tranquilo donde puedas relajarte e intenta mantener tu mente en blanco. Imagina que estás sentado bajo una luz suave y cálida. Siente cómo todo tu ser absorbe esta luz y se funde con ella. En el extremo de esta luz están el ángel de la Gracia y el demonio del Castigo. Familiarízate con estos dos visitantes celestiales e insiste en que el demonio del Castigo desparezca y que el ángel de la Gracia se manifieste. Invita a tu ángel del ángel de la Gracia a compartir el calor y la luz contigo.

EL ÁNGEL DE LA CLARIDAD

La Claridad es la capacidad de ver las cosas tal como son, sin que nuestro ego se proyecte en ellas. Ciertas religiones orientales sostienen que el mundo es ilusorio, pero esta opinión también es una ilusión. El mundo no es ilusorio, es terriblemente real, aunque de una realidad distinta a la que creemos. Lo que sí es ilusorio es nuestra visión del mundo, porque no vemos  las cosas como son, sino como nos interesa que sean, como a nuestro ego le interesa que sean.

Al ego le falta claridad porque tiene miedo del ángel de la Claridad: pondría al descubierto todas sus pequeñeces, todas sus porquerías. Debemos obtener claridad en nuestras vidas, pues con claridad todo es más fácil y maravilloso.

Siéntate o estírate en un lugar tranquilo en el que te puedas relajar fácilmente. Respira con amplitud y profundidad. En cada inspiración visualiza el aire como pura transparencia e invita al ángel de la Claridad a entrar en ti. Cada vez que espires, visualiza el aire que sale como «ensuciado» e invita al demonio de la Confusión a salir con él. Hazlo diariamente y en unos pocos días verás cómo tu vida se torna clara y luminosa.

EL ÁNGEL DE LA ALEGRÍA

La gente menos feliz que he conoci-
do contaban con todo lo que por
regla general creemos que proporciona la felicidad: dinero,
un físico agradable, una fami-
lia modelo, etc. Sin embargo,
no eran felices... Por regla general
los humanos buscamos la alegría y la
felicidad fuera de nosotros mismos,
en un hipotético mañana o en un
pasado que ya no existe, o, en fin,
en nuestras circunstancias exteriores. Pero
la alegría de vivir no está en la vida que nos ha tocado
vivir, sino en nuestra respuesta a la vida, en nuestra capacidad para vivirla, en la vivencia auténtica del presente,
en la intimidad de ese instante eterno llamado aquí y
ahora, en nosotros mismos. «La mayor alegría del mundo, me dijo una vez un ángel, es estar a solas con Dios».

51

Busca un lugar tranquilo donde puedas relajarte e intenta mantener tu mente en blanco, sin rechazar los pensamientos que se te vayan apareciendo, pero también sin darles fuerza. Imagina que estás rodeado de una sensación agradabilísima de gozo que inunda todo tu cuerpo. Siente cómo todo tu ser es penetrado por este gozo que parece circular con la sangre a través de tus venas y cómo se funde con él. Siente cómo dentro de ti están el ángel de la Alegría y el demonio de la Tristeza. No los rechaces. Familiarízate con estos dos visitantes y pide que el demonio de la Tristeza desparezca y que el Ángel de la Alegría irrumpa en tu vida, en tu trabajo, en tus relaciones. Invítale a compartir contigo su Buen Humor y su Dulzura.

EL ÁNGEL DE LA OBEDIENCIA

«La obedicenda humilde, me dijo una vez
un ángel, hace que se cumpla sin trabas
la voluntad de Dios». Ser obediente
no es hacer lo que nos digan los
demás sin pensar y sin responsabilizarnos. Ser obediente es ser
capaz de distinguir qué impulsos
proceden de nuestro ego y cuá-
les de nuestro corazón y tener
la valentía de seguir a éstos
últimos, sin ponerles trabas.

Ser obediente no quiere
decir abandonar nuestra voluntad y
nuestra responsabilidad; es más bien fundir nuestra
voluntad con la de Dios y ser plenamente responsables no sólo de lo que nos atañe, sino también de
aquello que aparentemente no tiene nada que ver con
nosotros.

Siéntate perfectamente relajado, satisfecho y a gusto contigo mismo. Cierra los ojos y no intervengas: deja que acudan pensamientos y sensaciones, pero no hagas nada ni por que vengan ni por que se vayan. Invoca al ángel de la Obediencia y espera pacientemente a que acuda. Si junto a él aparece el demonio de la Desobediencia, pídele simplemente que se vaya. Pero no se lo pidas con palabras: te desobedecería. Pídeselo con el corazón y dale las gracias por irse. Pídele también con el corazón al ángel de la Obediencia que entre en tu vida.

EL ÁNGEL DE LA TRANSFORMACIÓN

El hombre goza de una serie de capacidades extraordinarias que lo diferencian de las otras criaturas vivas, entre las cuales se cuenta la de obrar pequeños milagros en su existencia. Entre estos está el de la transformación.

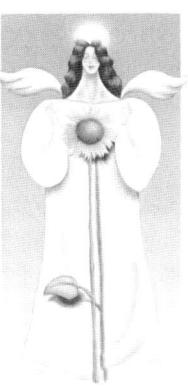

Transformarse es cambiar las formas. Es trascender las apariencias fijándose en la esencia que las resume. Cuando somos capaces de profundizar en un problema, en una relación, podemos transformarla. Si nos quedamos en las apariencias, siempre seremos víctimas. No deberíamos quejarnos de nuestro destino, pues en nosotros está la clave para cambiarlo. Cuando conectamos con nuestro verdadero fondo, con nuestro yo superior, es fácil que las formas cambien.

Siéntate o estírate en un lugar en el que nadie te pueda molestar. Cierra los ojos y relájate. Permite que en tu mente aparezcan aquellos pensamientos negativos, aquellas opiniones y comportamientos negativos que te molestan en ti o en los demás. Recuerda situaciones concretas en las que te dejaste dominar por la negatividad.

Dirígete a tu ángel de la Transformación con humildad y pídele su ayuda. Visualiza una luz pura y cristalina que invade todo tu ser como una inundación que va anegando toda la negatividad que hay en ti. Visualiza cómo esa luz cristalina convierte tu mente en algo puro y transparente produciendo en ella la Transformación. También puedes utilizar este ejercicio para transformar una situación, una relación o simplemente para ayudar a transformar el mundo.

EL ÁNGEL DE LA ESPERANZA

«Todo es fácil para el que lo espera todo de Dios, me dijo una vez un ángel. La esperanza es la mayor prueba de confianza». Nunca deberíamos desesperar ni de nosotros mismos ni de Dios, pues la Desesperanza es una artimaña del Diablo para alejarnos de nuestro Creador.

Junto con la Fe, la Esperanza construye nuestro futuro. Pero esperar no es aguardar. Esperar es tener confianza y estar seguros de que siempre sucederá lo mejor.

Un ángel me dijo una vez que «todo le llega a aquel que sabe esperar». Pero se refería a una esperanza activa, como la de la oración, como la del amor.

Busca un lugar tranquilo y apacible donde puedas relajarte e intenta mantener tu mente en blanco. Descuelga el teléfono. Imagina que estás sentado bajo una luz suave y cálida. Siente cómo todo tu ser absorbe esta luz y se funde con ella. En el extremo de esta luz están el ángel de la Esperanza y el demonio de la Desesperanza. Familiarízate con estos dos visitantes e insiste en que el demonio de la Desesperanza desparezca y que el ángel de la Esperanza se manifieste. Invita a tu ángel de la Esperanza a compartir contigo el calor y la luz.

EL ÁNGEL DE LA AVENTURA

Muchas veces soñamos con maravillosas aventuras que no son sino una huida de una realidad presente, que no nos satisface. Pero la verdadera aventura consiste en vivir el aquí y ahora, el instante presente que es como una muestra de la eternidad. En el instante presente se halla no sólo la sanación de nuestro futuro sino también la de nuestro pasado. El instante presente es nuestro punto de Poder. Cuando vivimos en el presente, vivimos. Cuando creemos vivir en el pasado, a lo sumo estamos recordando. Cuando nos imaginamos viviendo en el futuro, no estamos sino proyectando nuestro pasado y nuestras frustraciones. La verdadera aventura, la del espíritu, está en el aquí y ahora.

La gran aventura que nos es propuesta no consiste en trasladarse a países lejanos o realizar hazañas peligrosísimas, sino trascender el pasado, el futuro y las apariencias para ir directamente a la esencia de las cosas. Siéntate o estírate en un lugar en el que te encuentres a gusto y relajado. Dirige tu atención hacia tu interior, olvidándote del exterior. Deja que los pensamientos y sensaciones que aparezcan se vayan y déjate caer hacia dentro, sin miedo, con confianza. Piensa en el ángel de la Aventura, llámale e invítale a que aparezca. Cuando lo veas o lo sientas, déjate envolver por su luz y dale gracias por ayudarte a vivir tu vida como una gran Aventura.

EL ÁNGEL DEL EQUILIBRIO

Toda nuestra vida en este planeta no es sino una constan-
te búsqueda en el exterior de
un equilibrio que sólo se halla
en nuestro interior. Conectar
con el Ángel del Equilibrio, que
siempre está con nosotros, en lo más
profundo de nosotros mismos, es si-
tuarnos en ese punto metafísico de
equilibrio en el cual el bien y el mal
se confunden en el Mejor y en el cual
la verdad y la mentira se confunden en
aquel silencio que está más allá de la verdad y de la
mentira. El equilibrio consiste en utilizar tanto la cabeza como el corazón. «El equilibrio no es mantenerse
erguido sobre un solo pie, me dijo una vez un ángel, es
mantenerse sobre los dos pies». ¡Y eso que dicen que
los ángeles no tienen pies! ¿De dónde lo habrán sacado?

Ponte cómodo y cierra los ojos. Aspira profundamente sintiendo cómo el aire llena tus pulmones y, cuando espires, siente cómo el aire que devuelves llena el espacio que te rodea. Aprecia el equilibrio que hay entre el aire que recibes y el que devuelves. Imagínate como una persona extraordinariamente equilibrada, capaz de relajarse, divertirse, pero también de pensar y trabajar sin dejarse alterar por lo que pueda ocurrir en el mundo exterior. Tu vida está perfectamente equilibrada, como tu respiración.

EL ÁNGEL DE LA ARMONÍA

La armonía procede de una imagen
positiva de nosotros mismos,
de una aceptación amorosa
de nuestra persona y de los
demás. Para estar en armonía
con nosotros mismos, hemos
de ser capaces de dejar de criti-
carnos a nosotros y a los demás.
Por regla general no hallamos
armonía en nuestras vidas porque
no la hay en nosotros mismos, o
no somos capaces de verla porque
la ignoramos en nosotros. Y en vez de
perdonarnos, nos criticamos y amargamos la vida. Si
queremos evolucionar espiritualmente hemos de crear
constantemente armonía en nosotros mismos y alrededor nuestro.

Siéntate en un lugar cómodo y tranquilo. Cierra los ojos y relájate. Visualiza una luz de un color a tu elección, que te evoque armonía. Si una vez visualizada no te sientes totalmente a gusto con ese color, cámbialo como cambiarías el canal del televisor hasta que encuentres el que te satisface visualmente. Invoca al ángel de la Armonía y pídele que la armonía entre en tu vida. Antes de despedirte y abrir los ojos, dale las gracias.

EL ÁNGEL DE LA PURIFICACIÓN

A menudo creemos que hemos de purificar el cuerpo. Pero nos equivocamos. La purificación más importante es la del alma, la de las intenciones. No se trata de purificar nuestro cuerpo a través de dietas y ayunos que, en unos pocos días, ya no habrán servido para nada, sino de escoger nuestras intenciones más puras para actuar de acuerdo con ellas. El ángel de la Purificación se confunde a veces con el ángel del Fuego. Quizá por esta razón purificarse resulte doloroso, pero hay que pasar por ello si es que realmente queremos crecer interiormente.

Siéntate o estírate en una posición cómoda y relajada y despreocúpate de lo que ocurra en el exterior. Cierra los ojos y respira profundamente. Deja que con el aire que espires salga también toda la suciedad que haya dentro de ti, todo aquello que no te gusta de ti mismo y de los demás y que ni siquiera te atreves a confesarte. Sigue respirando a fondo y visualiza tu silla o el suelo como un colchón de luz. Visualiza esta luz y poco a poco déjate limpiar por ella. Pídele al ángel de la Purificación que nunca te abandone.

EL ÁNGEL DE LA CREATIVIDAD

Desde que nacemos vivimos en un mundo de fantasías que nosotros mismos hemos creado. Pero eso no es ser creativo.

Cuando somos realmente creativos es cuando ya no estamos proyectando nuestras fantasías, sino que estamos siendo nuevos y espontáneos porque estamos conectados directamente con la fuente de la Creatividad. Crear, en realidad significa ordenar, poner orden, reencontrar el orden implícito original que siempre estuvo en la esencia de las cosas, pero que no aparece en las apariencias, al menos para aquellos que no saben ver.

Si queremos ser de verdad creativos, hemos de aprender a conectar de nuevo con la Fuente de la Creatividad.

Siéntate o estírate en un lugar en el que te sientas a gusto y relajado. Dirige tu atención hacia tu interior, hacia lo más profundo de ti mismo, olvidándote del exterior. Permite que los pensamientos y sensaciones que aparezcan se vayan y déjate caer hacia dentro, sin miedo, con confianza. Se te ocurrirán ideas, muchas ideas: es que te estás aproximando a la Fuente de la Creatividad. Invoca al ángel de la Creatividad, llámale e invítale a que aparezca.

Cuando lo veas o lo sientas, déjate envolver por su luz y dale gracias por ayudarte a vivir tu vida de cada día de un modo nuevo y creativo, conectando con lo más íntimo de ti mismo.

EL ÁNGEL DE LA FE

La Fe no es la creencia irracional, sino la secreta confianza, más allá de las apariencias y de las limitaciones del ego.La falta de Fe es como una especie de ceguera con el mundo espiritual; la Fe es la visión del alma. Al pertenecer a otro nivel de realidad que también engloba la nuestra, la Fe todo lo puede. Como el Amor y la Esperanza, la Fe es un gran poder. Si tuviéramos una fe perfecta, los demonios nada podrían hacer en contra de nosotros.

La Fe descansa en la Providencia, mientras que la duda se apoya en la ignorancia, en el temor. A menudo la Fe en nosotros está como dormida. Nos convendría despertarla a través de las lecturas, a través de la experimentación cotidiana de pequeños milagros, más allá de las dudas mezquinas, más allá de las apariencias.

Siéntate o estírate en un lugar en el que te puedas relajar fácilmente. Respira con amplitud y profundidad. En cada inspiración visualiza el aire como pura transparencia e invita al ángel de la Fe a entrar en ti. Cada vez que espires, visualiza el aire que sale como «dudas» e invita al demonio de la Duda a salir con él. Visualízalo todo como claridad, como una inmensa claridad que te rodea. Es la luz de la Fe que te permite ver más allá de las apariencias. Dale las gracias al ángel de la Fe por haber entrado en tu vida, y pídele que la fe nunca te abandone.

EL ÁNGEL DEL PERDÓN

El perdón, como casi todo lo que tiene que ver con ángeles, no es algo lógico en el sentido en que usualmente se utiliza la palabra lógica: pero tampoco es algo ilógico o irracional: está más allá de la lógica, más allá de los contrarios. No pertenece, por su naturaleza misma, a la esfera de lo racional, sino que es suprarracional y nos permite conectar con lo suprarracional como es el caso de la conexión angélica. El Perdón es un desprenderse de las ataduras del pasado que nos pemite ver al mundo y a nosotros mismos a través de la claridad luminosa del presente eterno. El Perdón es la gran fuerza amorosa capaz de transformarlo todo sin violencia ni coacción.

Sin duda hay en tu vida, personas o cuestiones a las cuales te es difícil perdonar. Y es muy fácil que te limites a proyectar sobre ellas odio o indiferencia. Es igual. Estás proyectando aspectos ocultos de tu personalidad, que te niegas a reconocer en ti mismo, sobre ellas. Sin darte cuenta, estos odios más o menos irracionales, te están separando del ángel del Perdón. Para solucionar este importantísimo problema, debes conectar con el ángel del Perdón, y para hacerlo debes comenzar perdonándote a ti mismo. Imagina que estás sentado bajo las alas del ángel del Perdón. Siente cómo todo tu ser absorbe su vibración y se funde con ella. Pídele que haga desaparecer el Rencor de tu vida y que te ayude a perdonarte a ti mismo, a tus padres y a todos aquellos que tú creas te han perjudicado en tu vida. Invita a tu ángel del Perdón a compartir contigo la maravillosa experiencia del Perdón.

EL ÁNGEL DE LA FUERZA

La verdadera fuerza es Dios en nosotros. La
verdadera fuerza es una energía que
procede directamente de lo más
interior del hombre y que se confunde con el ángel de la Fuerza.
Aparentemente, la verdadera
fuerza es una debilidad, una
suavidad. Conectamos con la
verdadera Fuerza cuando somos realmente nosotros mismos y en vez de obedecer los
caprichos del ego, vibramos
con los planos superiores y obedecemos a nuestro Yo
superior. Entonces dejamos de manipular a los demás
y renunciamos a todo tipo de control. Somos cariño-
samente poderosos y sabios y servimos cariñosamen-
te al verdadero Poder, que es Dios en nosotros y fuera
de nosotros. La verdadera fuerza es ese poder que

nos permite enviar nuestro amor y nuestra sabiduría a distancias cada vez mayores y que hace que compartamos con los demás nuestra más íntima esencia.

Siéntate o estírate en un lugar en el que te puedas relajar fácilmente. Desconecta el teléfono y ponte cómodo. Respira con amplitud y profundidad, pero suavemente. En cada inspiración visualiza el aire como Fuerza e invita al ángel de la Fuerza a entrar en ti. Cada vez que espires, visualiza el aire que sale como debilidad e invita al demonio de la Debilidad a salir con él. Hazlo diariamente y en unos pocos días verás cómo tu vida cambia y te sientes más fuerte y seguro de ti mismo.

EL ÁNGEL DE LA ABUNDANCIA

No hemos de confundir abundancia
con atesoramiento. La abundancia
es una expresión del amor de Dios,
mientras que el atesoramiento suele
ser una manifestación del miedo, del
temor a la pobreza.

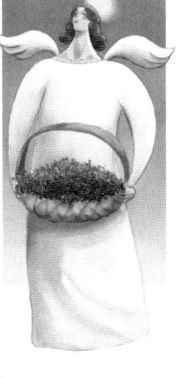

Cuando creamos y comprenda-
mos realmente que hay abundancia
infinita en el Universo, el ángel de
la Abundancia nos traerá, más tarde
o más temprano todo lo que necesite-
mos. Si fuéramos sencillos y rectos, la
Abundancia no sería ningún misterio para nosotros, sería la experiencia cotidiana de la Providencia en acción
en nuestra propia vida y en el mundo exterior. El mundo
exterior es un reflejo del mundo interior y son nuestros
pensamientos de pobreza o de abundancia los que nos
atraerán pobreza o abundancia.

Aquello que nos separa de la Fuente de la Abundancia es el orgullo, el creer que por nosotros mismos conseguiremos todo lo que queramos y no tengamos la humildad de pedir.

El orgullo también nos impide reconocer la Abundancia en acción y darle las gracias.

La oración es la mejor manera de conectarnos con el poder del Universo.

Muchas personas se pierden las pequeñas alegrías por orgullo, porque creen que sólo lo mejor es bueno para ellos.

Sólo los humildes son capaces de disfrutar de los regalos que la vida nos ofrece a cada instante.

La vida en sí ya es un extraordinario regalo; todo en ella es un regalo ¡y hay para todos!

¡Más valdría no haber nacido que despreciar este don de Dios que es la vida!

Pensemos, sintamos y actuemos en conciencia de abundancia y haremos más por la humanidad que participando en sospechosas campañas de beneficiencia. No demos dinero, contagiemos vida.

Siéntate o estírate en un lugar tranquilo donde puedas relajarte y olvidarte de los problemas cotidianos. Desconecta el teléfono e intenta mantener tu mente en blanco, sin rechazar los pensamientos y sensaciones que vayan apareciendo, pero también sin provocarlos. Simplemente contémplalos. Sin duda son muchísimos. Proceden de tu interior. Visualiza algo que desees, surgiendo de tu interior. Pruébalo con varias cosas; pueden ser objetos físicos, salud, amistad, comprensión. No importa. Dentro de tí está en forma de semilla todo lo que puedas encontrar en el mundo exterior. ¡Y está en abundancia! Visualiza esta semilla y pídele al ángel de la Abundancia que la riegue con su Amor. Realiza este ejercicio a diario y en pocos días verás cómo aparece como por arte de magia lo que deseas.

EL ÁNGEL DE LA TERNURA

Todos tenemos, en nuestro interior, un inmenso capital de ternura revestido de una ilusoria coraza de seriedad, de fortaleza, de dignidad.

Nos han hecho creer que ser tierno es ser débil, pero no es así. La Ternura no es una debilidad, es una fortaleza del corazón. Ser tiernos es acercarnos al niño que todos llevamos dentro y ver la vida con sus ojos, con su capacidad de asombro, con su libertad, característica de aquel que vive el presente eterno.

La ternura es adaptación a los ciclos de la vida mientras que la dureza es parálisis producida por el miedo. La ternura es libertad.

Siéntate o estírate en un lugar en el que sepas que nadie te va a molestar. Lentamente cierra los ojos y relájate. Permite que en tu mente aparezcan aquellos pensamientos de violencia y aquellos comportamientos poco tiernos que te molestan en ti o en los demás. Recuerda situaciones concretas en las que no supiste controlarte y te dejaste dominar por la violencia. Dirígete a tu ángel de la Ternura con toda la dulzura que puedas y pídele su ayuda. Visualiza una luz pura y cálida que te abraza con toda la ternura posible disolviendo toda la violencia que hay en ti. Visualiza cómo esa luz cristalina convierte tu corazón en algo puro y amoroso, haciendo que la fuerza de la Ternura se apodere de ti.

EL ÁNGEL DE LA PAZ

La verdadera paz es la del corazón. Que en el mundo haya guerra o paz no depende sino de que la haya en el corazón de los hombres.

Estar en Paz es situarse más allá del conflicto, más allá de la dualidad característica del Ego más allá de las formas exteriores, más allá de los contrarios. Es permanecer conectado con la Fuente del Ser y descansar en ella, incluso cuando estamos realizando una actividad externa. La verdadera paz no es, pues la exterior, obtenida a base de convenciones, pactos y arreglos, sino la que surge del interior, directamente del alma. La verdadera paz invade, es contagiosa y nos acerca a los ángeles.

Busca un lugar apacible donde nadie te moleste. Tranquilízate y relájate como en cualquiera de los ejercicios anteriores, e intenta mantener tu mente en blanco. Persuádete de que el ángel de la Paz está contigo en todo momento, prescinde de aquellos pensamientos y sensaciones que te hacen sentir intranquilo; no les hagas caso. Cuando sientas que te rodea una paz ilimitada, luminosa y angélica, siente cómo todo tu ser absorbe esta luz y se funde con ella. Es el ángel de la Paz.

EL ÁNGEL DEL CORAJE

El verdadero coraje no consiste en vivir alocadas aventuras en continentes inexplorados, sino en vivir la única y gran aventura para la cual hemos nacido. La gran aventura es responder sí a la vida atreviéndonos a abrir nuestros brazos y nuestros corazones a lo desconocido, sea cual sea la forma que vaya a tomar, ayudándonos el ángel del Coraje y el de la Confianza. Tener coraje es ser consecuentes con nosotros mismos, a pesar de lo que puedan decir los ignorantes que nos rodean y no nos dejan ser nosotros mismos. Si queremos crecer por dentro (y ese es el objetivo de la vida encarnada) debemos estar abiertos a lo inesperado y ser valientes ante lo desconocido. Arriesgarnos puede darnos miedo, pero sin riesgo es imposible liberarnos de las cadenas de nuestro ego.

Siéntate en un lugar tranquilo y en el que estés seguro de que nadie te va a molestar. Descuelga el teléfono. Lentamente, cierra los ojos y deja que la quietud que experimentas se apodere de ti. Visualiza esa quietud como la Vida que hay dentro y fuera de ti y entrégate a ella, sin miedo, con Coraje. Visualiza cómo esta misma vida va creciendo y te va llenando de fuerza y valor. Es el ángel del Coraje que estaba prisionero en tu interior. Libéralo, invítalo a entrar en tu vida. Dale las gracias por hacerlo.

EL ÁNGEL DEL AMOR

Amar es decirle sí a la vida, y demasiado a menudo estamos negándola sin saber que lo hacemos. Amar, han dicho los místicos, es la única razón para vivir. Pero es un hecho que muchos seres humanos nunca aprenden a amar. La causa de esta desgracia no se halla en el odio, como podríamos creer, sino en el miedo.

Aunque pueda parecer paradójico, uno de los principales obstáculos que impiden que los ángeles puedan actuar a través nuestro, es la falta de amor que sentimos por nosotros mismos. Y es que, en el fondo, tenemos miedo de nosotros mismos, de una parte de nosotros mismos. Los ángeles se mueven por canales de amor, por canales plenamente conscientes de su propio valor. Si logramos amarnos más a nosotros mismos y a los demás, en poco tiempo habremos abierto el canal que los ángeles necesitan para comunicarse con nosotros. El amor procede del misterio, algo que está en las antípodas de nuestro ego, y aspira apasionadamente volver a ese misterio arrastrándonos lo queramos o no. Todos hemos constatado que cuando amamos realmente a alguien nos convertimos en algo así como en espejos de su corazón.

Cuando alguien nos ama, recíprocamente, se convierte en un espejo de nuestro corazón. Podemos escuchar la voz del ego o la voz del amor. Cuando escuchamos la voz del ego es como si los demonios nos estuvieran dictando lo que quieren que hagamos. Cuando escuchamos la voz del amor, es como si los ángeles nos inspiraran. Los seres humanos no somos libres, pero sí podemos elegir entre escuchar la voz del ego o escuchar la voz del amor. Cuando escuchamos esta última, estamos desbloqueando los canales a través de los cuales se expresan los ángeles. Son dos modos totalmente distintos de ver la vida: a través de los ojos del amor o a través de los ojos del temor. Cuando vemos la vida a través de los ojos del temor, todo lo que nos rodea nos parece hostil. Es como si todo y todos nos estuvieran atacando. Pero existe otra manera de ver el mundo, de presentarse ante la vida: eligiendo siempre y en cada momento el amor.

Siéntate o estírate en un lugar en el que nadie te pueda molestar. Cierra los ojos y relájate. Permite que en tu mente aparezcan aquellos pensamientos de odio y aquellos comportamientos poco amorosos que te molestan en ti o en los demás. Recuerda situaciones concretas en las que te dejaste dominar por el odio.

Dirígete a tu ángel del Amor con toda la humildad que puedas y pídele su ayuda. Visualiza una luz pura y cálida que invade todo tu ser como una inundación que va anegando todo el odio que hay en ti. Visualiza cómo esa luz cristalina convierte tu corazón en algo puro y transparente, haciendo que la fuerza del Amor se apodere de ti. También puedes utilizar este ejercicio para transformar una situación, una relación o simplemente para ayudar a transformar el mundo.

EL ÁNGEL DEL FUEGO

Todas las civilizaciones han ado-
rado al Fuego. No se trata sólo
de un elemento, es también
un arquetipo profundamente
instalado en lo más interior de
cada ser humano. El Fuego es la
virtud secreta del Sol que hace
madurar el grano para que venza la
pasividad de la tierra que lo sepulta y
resucite en forma de flor ascendiendo
hacia el cielo. El fuego es la virtud secreta del grano que atrae la luz del Sol
para que lo caliente atravesando incluso la tierra que
aparentemente los separa.

 Busca un lugar tranquilo donde nadie te moleste y puedas relajarte, e intenta mantener

tu mente en blanco. Imagina que estás sentado bajo una luz poderosa y cálida. Siente cómo todo tu ser absorbe esta luz y se funde con ella. En el extremo de esta luz están el ángel de Fuego y el demonio del Frío. Familiarízate con estos dos visitantes e insiste en que el demonio del Frío desparezca y que el ángel del Fuego se manifieste. Invita a tu ángel del Fuego a compartir el calor y la luz contigo.

EL ÁNGEL DE LA PACIENCIA

La paciencia consiste esencialmente en no quedarnos colgados en el pasado y en no proyectar en el futuro, viviendo realmente el momento presente con todas las consecuencias. Pero a menudo el demonio de la Impaciencia nos tienta con sus tretas malignas. Por regla general utiliza el miedo y creemos que somos impacientes cuando en realidad estamos siendo temerosos. ¡Y ni siquiera nos atrevemos a pedir!

Los humanos no tenemos paciencia porque no queremos. La paciencia es algo que podemos pedir a los ángeles. Estos están encantados dándonosla.

Siéntate o estírate en una posición cómoda y relajada y despreocúpate de lo que ocurra en el exterior. Cierra los ojos y respira profundamente, tranquilamente, sin prisas. Deja que con el aire que espires salgan también todos tus nervios, tus miedos y tu impaciencia. Sigue respirando a fondo y visualiza tu silla o el suelo como un colchón de luz. Visualiza esta luz y poco a poco déjate caer en ella. Desde esa luz imagina que el tiempo no existe, que vives en un presente eterno. Pídele al ángel de la Paciencia que nunca te abandone.

EL ÁNGEL DE LA RESPONSABILIDAD

Una de las grandes lecciones que nos pueden enseñar los ángeles, es que el mundo es un espejo de nosotros mismos, y que si queremos cambiar el mundo, hemos de comenzar cambiándonos a nosotros mismos. Nuestra mayor Responsabilidad es, pues, con nosotros mismos. Pero muy a menudo hundimos los hombros cuando escuchamos la palabra responsabilidad. Creemos que la responsabilidad tiene que ver con algo que tenemos que hacer, cuando en realidad no deseamos hacer nada. Asociamos la palabra responsabilidad a la palabra deber.

Al ego le molestan las verdaderas responsabilidades. Por ello prefiere las falsas, las que él se inventa para sentirse importante. Cuando algo no funciona como quisiéramos en nuestras vidas, en seguida señalamos con el dedo a los demás. El ego siempre hace la trampa de situar la responsabilidad de nuestros problemas en los demás porque así no tiene que tomarse la molestia de solucionarlos. Pero la verdadera responsabilidad es la otra cara de la moneda de la libertad. No hay verdadera libertad sin responsabilidad, ni responsabilidad sin libertad.

Somos responsables de aquello que vemos, de aquello que sentimos, de aquello que oímos, de aquello que vivimos, pues somos nosotros mismos quienes elegimos lo que vemos, lo que sentimos, lo que oímos, lo que vivimos. En cierto modo, todo lo que nos sucede, ya lo hemos pedido y nos ha sido concedido.

Busca un lugar tranquilo donde no te molesten y donde puedas relajarte e intenta mantener tu mente en blanco. Imagina que estás sentado bajo una luz suave y cálida. Siente cómo todo tu ser absorbe esta luz y se funde con ella. En el extremo de la luz están el ángel de la Responsabilidad y el demonio de la Irresponsabilidad. Familiarízate con estos dos visitantes e insiste en que el demonio de la Irresponsabilidad desparezca y que el ángel de la Responsabilidad se manifieste. Invita a tu ángel de la Responsabilidad a compartir el calor y la luz contigo.

Piensa en aquellas cosas de las cuales no quisiste hacerte responsable y cuya culpa endilgaste a los demás, a las circunstancias, al Gobierno, a Dios, a la Astrología a la Genética, etc. Reconoce que tú las creaste y acepta la libertad que produce ser responsable.

EL ÁNGEL DE LA SÍNTESIS

El ser humano es la Síntesis de la Creación.
Por esta razón los antiguos lo llamaban
«microcosmos», hecho a imagen y
semejanza del «macrocosmos».
Dentro de cada ser humano está
completo el conocimiento sobre
sí mismo, su vida, sus problemas,
todo aquello que necesitará
conocer en la vida. Pero muy
a menudo buscamos fuera de
nosotros mismos ese conocimen-
to que siempre estuvo en nuestro interior.

El conocimiento interior es eterno, sintético, uni-
tivo, esencial, mientras que los conocimentos exteriores son provisionales, se pierden en los detalles y a
menudo no son sino ignorancia camuflada.

Huyamos pues del análisis desintegrador y quedé-
monos con la síntesis creadora.

Busca un lugar tranquilo en el que sepas que nadie te va molestar. Poco a poco, cierra los ojos y siente cómo te vas serenando. Sin forzarlos, deja que fluyan en tu interior pensamientos y sensaciones, pero no te fijes en ellos. Más bien déjate fluir a ti mismo visualizando un tobogán que va hacia dentro, hacia la Fuente del Conocimiento que hay dentro de ti. Déjate deslizar por ese tobogán hasta caer en brazos del ángel de la Síntesis. Dale las gracias por recibirte y pídele que esté presente en tus decisiones y en tu vida en general.

EL ÁNGEL DE LA SINCERIDAD

El poder de la mentira es inmenso: desintegra. Pero el poder de la Verdad es mayor aún: cohesiona e integra. Cuando mentimos, nos estamos haciendo daño a nosotros mismos a nivel celular: estamos autodestruyéndonos. Cuando vivimos en la Verdad, estamos cohesionando nuestro Cuerpo de Luz.

«La sinceridad, me dijo un ángel, es muchísimo más que una virtud, es el camino que conduce a la verdad». Y es un camino lleno de atajos, que sortea emboscadas y trampas amparándose en la limpieza del corazón. Es un camino de Lucidez y de Valor.

Siéntate perfectamente relajado, satisfecho y a gusto contigo mismo, en una posición en la que te encuentres particularmente a gusto. Cierra los ojos y no intervengas: deja que acudan pensamientos y sensaciones, pero no hagas nada ni por que vengan ni por que se vayan. Acepta lo que venga y deja que se vaya lo que se va. Invoca al ángel de la Sinceridad y espera pacientemente a que acuda. Si junto a él aparece el demonio de la Mentira, pídele simplemente que se vaya. Pero no se lo pidas con palabras: te mentiría, diría que se va pero simplemente se escondería. Pídeselo con el corazón y dale las gracias por irse. Pídele también con el corazón al ángel de la Sinceridad que entre en tu vida.

EL ÁNGEL DE LA CONFIANZA

La frase preferida de los ángeles parece ser «no temas». Con ello nos están diciendo que tengamos confianza. Quieren reconfortarnos, infundirnos ánimos, hacernos saber que están ahí, aunque no los veamos, para protegernos en nuestras vidas. Cuando tenemos confianza, nada de lo que pueda ocurrir fuera de nosotros nos afecta.

Los ángeles nos enseñan que hay dos tipos de confianza: con mayúsculas y con minúsculas. La confianza con minúsculas se basa en cuestiones humanas relativas a la personalidad, como el comportamiento; la Confianza con mayúsculas se basa en el amor. Cuando confiamos en las opiniones de otra persona (o las nuestras propias), en su comportamiento (o en el nuestro), fácilmente podemos equivocarnos. Pero cuando confiamos en el amor, nuestras flechas siempre son certeras.

Siéntate o estírate en una posición cómoda y relajada y despreocúpate de lo que ocurra en el exterior. Cierra los ojos y respira profundamente. Deja que con el aire que espires salgan también todo el miedo y la desconfianza que pueda haber dentro de tí, todo aquello que te produce intranquilidad. Sigue respirando a fondo y visualiza tu silla o el suelo como un colchón de luz. Visualiza esta luz y poco a poco entrégate a ella. Esa luz te está protegiendo y te protegerá durante todo el día. Pídele al ángel de la Confianza que nunca te abandone.

EPÍLOGO

¿Cuántos ángeles crees que estaban revoloteando a tu alrededor mientras leías este libro? No los podrías contar con los dedos de una mano, ni de dos, ni de diez... Te lo voy a decir: eran al menos cincuenta y seis. Y estaban muy cerca de ti.

Se acercan tiempos en que los ángeles estarán cada vez más cerca de los hombres. Sobre todo por dos razones: porque serán cada vez más necesarios para frenar la estupidez humana, y porque cada día habrán más hombres y mujeres libres que se ocuparán de las cosas de Dios y dejarán de lado las cosas del mundo.

Cada día habrán más insatisfechos con el mundo de las apariencias, de los convencionalismos, deseosos de autenticidad, de verdad. Y cada vez que alguien emprenda la búsqueda de Dios, cohortes de ángeles acudirán a ayudarle. Los supervivientes de la Nueva Era lo serán gracias al ministerio de los ángeles.

Y ahora que has acabado la lectura de este libro, ¿te has dado cuenta de que contenía 39 ejercicios y no 40? Pues sí, hay un ejercicio que no puede describirse en ningún libro. Es un ejercicio que tienes que descubrir por ti mismo. ¡Atrévete!, si lo intentas los ángeles te ayudarán...

ÍNDICE

Libros de EDICIONES OBELISCO
acerca de nuestros amigos los ángeles

LOS ÁNGELES
QUE CURAN

PAOLA PIERPAOLI

EDICIONES OBELISCO

LA MAGIA
DE LOS
ÁNGELES

EDICIONES
OBELISCO

TAMARE SIDNER

Los 72 ángeles
la luz del Universo

EDICIONES OBELISCO